AF252742

En voici bien d'une autre !

DOLÉANCES

DE M. PIGEON,

EX-CAPORAL DANS LA GARDE NATIONALE DE PARIS,

(licenciée par ordonnance du 29 avril,)

AUTEUR DE LA CÉLÈBRE COMPLAINTE

SUR LA REVUE DU MÊME JOUR.

Paris,

CHEZ LES MARCHANDS DE NOUVEAUTÉS.

1827.

Paris, imprimerie de GAULTIER-LAGUIONIE,
Hôtel des Fermes.

DOLÉANCES

DE

M. PIGEON.

En voici bien d'une autre!

DOLÉANCES

de M. Pigeon;

EX-CAPORAL DANS LA GARDE NATIONALE DE PARIS,

(licenciée par ordonnance du 29 avril),

AUTEUR DE LA CÉLÈBRE COMPLAINTE

SUR LA REVUE DU MÊME JOUR.

Prix : 25 centimes.

Paris,

CHEZ LES MARCHADNS DE NOUVEAUTÉS.

1827.

DOLÉANCES

DE

M. PIGEON.

~~~~~~~~~~~~~~~~~~~~~~~~~~~~~~~~~~~~~

J'ai fait mon début poétique par une Complainte, dont le succès va toujours croissant.

Dans ma tête, un beau jour, ce talent se trouva,
Et j'avais cinquante ans quand cela m'arriva.

C'est l'occasion qui produit les hommes.
Avantageusement connu dans le commerce,
en ma qualité de marchand de bas ; cité comme
un assez bon militaire, dans la compagnie vi-
vique, où j'avais hélas ! en attendant mieux ;
le grade modeste de caporal ; électeur inatta-
quable au *tourniquet*, insensible aux séductions
municipales ; éligibles sans ambition, mais non
~~~~~~~~~~~~~~~~~~~~~~~~~~~~~~~~~~~~~

sans espérances. Je ne songeais point aux honneurs littéraires ; et voilà qu'un journal nommé *La Réunion*, rédigé à ce qu'on m'assure, par des auteurs du premier ordre, par des poètes qui sont membres tout au moins de l'Accadémie française, annonce que la *Complainte* de M. Pigeon, sur la revue du 29 avril, est *un ouvrage éminemment français*. En bon français, sans vanité, cela veut dire aussi bien pensé que bien écrit, aussi remarquable par le bon style que par les bons sentimens, spirituel, élégant et profond. Un pareil éloge, juste si l'od veut, mais inattendu, m'engage à essayer mes forces comme écrivain en prose. J. J. Rousseau, de Genève, se confesse d'avoir commencé par des chansons et des opéra ; il finit par le *Contrat social*.

On ue m'a pas laissé long-tems dans l'embarras pour le choix d'un sujet. Je chantais hier la gloire et le honheur de la Garde nattonale

de Paris, appelée par le Roi à la revue du
Champs-de-Mars, le dimanche 29 avril, je
déplore aujourd'hui, avec tous les amis de la
liberté, la suppression de cet honorable corps,
signée le même jour par M. De Corbière.

Lundi, 16 de ce mois, on avait célébré le
13e anniversaire du 12 avril, epoque mémo-
rable où les princes de la maison de Bourbon
reparurent au milieu de nous, après une abs-
ence bien longue. A cette oocasion, la Garde
nationale fut inspectée par le Roi. J'ignore les
détails de la fête : un rhume violent m'avait
empêché d'y asssister. Le mardi à dix heures
du matin, le conseil des ministres fut assem-
blé ; à une heure, on avait décidé que M. le
comte de Peyronnet se rendait à la chambre
des pairs, pour déclarer, au nom du Roi, que
la France était préservée d'un véritable et
grand malheur qu'elle redoutait, celui de voir
transformer en loi un opuscule en prose de la

façon de sa grandeur Mgr le garde des sceaux, bon poète à ce qu'on dit, broduction la c u dans le monde, sous le titre de *Projet sur la police de la presse*, mais plus connue sous le nom de *loi d'amour*, en conséquence d'un article officiel publié par *le Moniteur*.

Le moindre inconvénient de cette *loi d'amour* était de ruiner quelques milliers de familles, de réduire à la mendicité une armée d'ouvriers, de faire périr mainte branche d'industrie ou plutôt de couper jusqu'à la racine, l'arbre entier. De fort habiles gens, qui dedaignent ce qu'ils nomment *les intérêts matériels* d'un état, c'est-à-dire le commerce, les manufactures, la richesse, et même la simple aisance du peuple, craignaient que la *loi d'amour* ne détruisît de plus tout ce qui constitue l'intérêt *moral* de la France, la liberté, les lumières, le bon sens ; et cela au profit d'une faction ténébreuse qui sort de dessous terre. Aussi, quels universels transports de joie, dès que l'on aprit l'heureuse nouvelle par l'humble aveu de 'Étoile du soir, journal placé, à ce qu'on asure, sous la protection, la garde spéciale de .le Garde des sceaux. Tout Paris fut illuminé, du fond des caves jusqu'au neuvième étage, au-dessus de l'entresol. Cent mille voix crièrent *à bas les Jésuites* : Six cent mille autres voix plus constitutionnelles et plus françaises, firent entendre d'abord le cri de *vive le Roi !*

Puis quelques individus, qui ne font jamais rien *gratis*, eurent soin de hurler des sottises bien absurdes, et bien atroces : mais ce fut comme s'ils avaient chanté *Femme sensible* sur l'air de *Robin des Bois*.

Les citoyens de la Garde nationale ont presque tous pignon sur rue ; ils firent donc une terrible consommation de lampions et de chandelles. D'honnêtes gens sans malice, et de petits polissons ; même quelques-uns d'assez

belle taille, et dont les fignres se voient partout quand il y a du bruit, lancèrent force
pétards, soleils, fusées, chandelles romaines,
boîtes et bombes. On tourna un peu en ridi-
cole certaines personnes qui n'ont pas inventé
la poudre : on puossa la licence jusqu'à railler,
au moyen de transparens superbes en lettres de
feu, les ennemis des lumières. On courut au
Veau qui tette, boire à la santé des Spartiates
qui méprisent le brouet noir, pour s'en tenir
au truffes. Les susdits Spartiates et leurs ex-
cellens Messieurs les ministres n'en conti-
nuèrent pas moins à se porter fort bien, quoiqu'nn galant homme, garçon d'esprit et de
mérite, puisqu'il est maître des reqêtes, assure
que nous sommes un peuple *féroce*.

Le 16, S. M. le roi de France avait mani-
festé l'intention de passer en revue, avant la
fin du mois, la Garde nationale de Paris, un
pau rapidement inspectée alors. *Un ordre du*

(43)

jour, distribué le 26. annonça que la revue
aurait lieu dans la cour des Tuileries, entre
la grille et le château. Les amis et connaissances
de MM. les ministres prétendirent qu'il serait
bon de faire garder le Carrousel por MM. les
gendarmes, de mettre une bonne garde militaire à tous les guichets et d'occuper la place
du Louvre ; afin que le roi ne fut pas impor-
tuné des bruyantes acclamations du peuple,
excellentes précautions pour empêcher que la
foule ne se portât sur le lieu de la réunion.
L'histoire ajoute qu'une correspondance cu-
rieuse, à ce sujet, eut lieu entre deux à trois
mille Gardes nationaux, officiers ou soldats,
d'une part ; et de l'autre part M. le maréchal
duc de Reggio leur chef, qui ne répondit point,
mais qui prit *de nouveau* les ornrrs du Roi,
comme le dirent les journeaux du 27. Le vénérable *Moniteur*, image mobile de l'immabile
pouvoir, annonça de sa grosse voix un peu

cassée, que la Garde nationale de Paris sera
passée en revue par S. M. au Champs-de-Mars,
vaste théâtre où cinq à six cents mille specta
teurs se placent commodément sur des siég
de verdure et suivent de l'œil tous les détai
de la scène, pour applaudir comme de raison

L'explosion de la joie publique fut ppompt
et vive : à ce feu électrique, ma verve s'allume
je célébrai, en vingt-quatre couplets, le princ
qui s'était écrié encore une fois *point de halle
bardes !* On ne débita pas plus de 1500 exem
plaires de ma joyeuse complainte, à ce qu
m'assure l'éditeur ; et ce qui valait mieux en
core que mes couplets, tout Paris se trouv
au rendez-vous que nous donnait le Roi

A l'aspect du monarque, on fit éclater l
joie la plus vive et la plus franche. Depui
long-temps on n'avait rien vu de semblabl
au magnifique spectacle que présentait ce
journée. Le Roi se retira satisfait, chermé

jusqu'à son retour au château, il fut salué des mêmes hommages qui l'avaient accueilli au moment de son départ et pendant la revue. La Garde nationale défila dans le plus bel ordre : chacun rentra paisiblement dans sa demeure et alla se reposer, non sur ses lauriers, mais avec le calme d'un Romain vertueux, digne d'obtenir un jour la couronne civique.

Le lendemain, quel réveil! Un bruit sourd se propage : ces intrépides nouvellistes, dont le courage ne recule pas devant le gigantesque *Moniteur*, assurent que cet inexorable archiviste de toutes nos calamités civiles a recueilli une ordonnance contre-signée par M. de Corbière, ministre de l'intérieur, où se trouvent ces mots : « LA GARDE NATIONALE DE PARIS EST LICENCIÉE. » Quelle est la date de cet acte incroyable? L'ordonnance est du 29 avril, du jour même où le Roi avait accueilli nos vœux, notre amour et nos hommages.

Toute la population royale de Paris est consternée. On s'interroge, on se consulte. Comment, le soir, peut-être vers minuit, un ministre est aller demander la suppression d'un corps fidèle et dévoué dont les services ont mérité si souvent les éloges du monarque? On ne peut supposer que cette mesure fut préparée dès le matin, encore moins de la veille. Assurément si l'on nous eût calomniés avant la revue, et que le Roi eût prêté l'oreille à nos accusateurs, S. M. ne serait pas venue au Champ-de-Mars avec son auguste fils, avec les princes et les princesses de sa famille, parmi lesquels cependant nous avons regretté de ne pas voir monseigneur le duc de Bordeaux et sa sœur. Et chacun se jette sur les journaux désignés comme les interprètes ordinaires des ministres et des jésuites : c'est-là, se dit-on, que doit se trouver quelque rapport menson ger d'un dénonciateur à gages.

Quelle surprise ! l'*Etoile* publiée dans la soirée du 29, l'*Etoile*, rédigée sous l'inspiration de M. le garde-des-sceaux, vante sans restriction l'ordre et la décence, qui ont caractérisé cette grande fête de famille où le Roi s'est réuni à son peuple : cet organe officiel de la chancellerie ne contient pas un mot qui tende à improuver une seule de nos démarches, de nos paroles .

« Partout (dit l'*Etoile* du 29), partout s'est « fait entendre le cri du 12 avril 1814 et du « 27 septembre 1824. Le roi montrait toute « sa confiance à l'élite des citoyens armés ; tous « ont répondu par un sentiment d'amour.

« *Ainsi s'est passé cette solennité* qui laissera « de si profonds souvenirs et *qui a déjoué tant* « *de coupables espérances.* Applaudissons-nous « de voir *ainsi* tous les partis se réunir autour « de la royauté, qui, *aujourd'hui encore,* « comme toujours, aura été un gage *de paix et* » *d'union.*

Patience : l'*Étoile* ignorait encore à 7 heure du soir l'ordonnance qui n'a probablemen, été rendue qu'à minuit. L'*Étoile* du 30 rétrac tera ses éloges et publiera un réquisitoire contre les citoyens de Paris (1).

Mais voyons le *Journal de Paris*, la feuille soutenue par M. le ministre des Finances, pré-sident du Conseil. Quel article superbe ! l'é-loge de la Garde nationale est complet. Jamais l'auteur n'a tracé avec plus d'abandon, de verve, de chaleur, d'éloquence, d'onction, le panégyrique du ministre qui l'a payé depuis M. Decazes jusqu'à nos jours. Seulement il cite ce fait : Un citoyen sous les armes ayant crié *à bas les ministres, à bas les Jésuites !* a été

(1) Cela pas manqué L'*Étoile*, publiée dans la soirée du 30, annonce que l'on s'était trompé grossièrement la veille, ou que les honorables ré-dacteurs avaient menti, *ad libitum.*

dégradé par ses camarades, dit le rédacteur, qui était présent. M. le rédacteur a été reconnu sur les talus : c'est un petit homme fort remarquable, chevalier de la Légion-d'Honneur, et qui ne mentirait pas à sa conscience pour rien au monde. Attendons le journal du 1er mai.

Et la *Gazette de France*, protégée si efficacement par M. le ministre de l'Intérieur, par le signataire de l'ordonnance de licenciement? Pas une syllabe de reproche; pas un fait, vrai ou faux, à notre charge. La bonne feuille daigne nous témoigner, d'un ton protecteur, sa pleine et entière satisfaction. A demain la feuille protectrice des Parisiens.

Mais *le Pilote*, qvi reçnit également ses inspirations des bureaux de M. de Corbière, commeni s'est-il tiré de cet écueil ? oh ! celui-là est plus adroit : il a louvoyé. C'est aussi le soir qu'il aborde dans les cafés de Paris ; mais quelques heures après que l'*Etoile* a brillé sur l'horison. Le *Pilote* aura eu vent de quelque chose : il aura vu les signes précurseurs de la tempête. Le *Pilote* nous annonce qu'il ne sait rien des détails de la fête, et qu'il va s'en informer pour nous les apprendre vingt-quatre heures plus tard.

Serait-ce dans les journeaux de l'opposition libérale, ou dans ceux de l'opposition royaliste, qu'on trouverait l'élément de notre acte d'accusation ? pas davantage.

Le *Constitutionnel* annonce que malgré l'avis donné de ne pas crier *à bas les ministres, à bas les Jésuites !* ce vœu n'a pas été toujours et partout retenu. Mais ce journal ne dit pas si le vœu de la France fut émis par les spectateurs ou par la Garde sous les armes.

Le *Courrier français* parle de pétitions présentées à S. M. par plusieurs gardes nationaux et que le Roi a reçues. Cé journal ajoûte que

revenant de la revue, quelques citoyens armés
sont passés sous les fenêtres de M. de Villele,
dans la rue de Rivoli; que là, n'étant plus en
présence du Roi, ils n'ont pas su cacher leurs
sentimens, dont l'élan avait été comprimé jusqu'alors par le respect : le cri *à bas les minis-*
tres, à bas les Jésuites, qui n'avait été entendu
au Champ-de-Mars qu'à de longs intervalles a
éclaté avec force. Et voilà tout.

Le *Journal des Débats* raconte que S. M. a
prescrit qu'un garde national fut cassé, pour
avoir *à bas les Jésuites et les ministres,* et que
tout le peloton où se trouvait le coupable s'est
empressé d'adhérer à ce châtiment.

Si l'on en croit le *Journal du Commerce* le
duc de Reggio voulut faire arrêter le bruyant
grenadier par un gendarme d'élite; mais d'autres gardes nationaux se jetèrent devant leur
camarade, auquel ce gendarme ne put par-
venir.

On assure que le Roi fit sortir des rangs le garde national qui avait proféré des cris de haine contre le ministère, et que S. M. s'exprima ainsi : Je suis venu pour recevoir des hommages et non des leçons.

Tel est, dans toute son étendue, l'exposé des méfaits de la Garde nationale, comme il résulte d'un résumé exact des journaux, amis ou ennemis des libertés publiques.

On blâme sévèrement des manifestations de haine qui ne sont qu'une inconvenance dans les rangs de la multitude, et qui deviennent un tort dans les lignes d'une troupe armée. Je Je l'avais dit dans ma *Compéaiute*, en parlant du renvoi des ministres :

C'est le vœu de la patrie,
Dans le cri : Vive le Roi
Il est bien compris ma foi.
Mais comme ça va sans dire,
Inutile d'en parler.
Et tout seul ça doit aller.

J'étais allé jusqu'à supposer que le Roi pourrait bien répondre a ces indiscrets :

Le Roi chasse quand il veut.

et j'avais prévu le succás qu'aurait eu ee mot à la Henri IV. *Qu'*il me soit permis de citer e couplet :

Attendons, dira la foule ;
Le Roi veut la liberte :
Allons boire a sa santé.
Bientôt le temps , s'écoule,
Redeviendra plus serein
Malgré monsieur Mazarin.

Mais, après tout, il faut distinguer entre des militaires qui se présentent avec tout l'attirail de la guerre, pour demander un changement de constitution, des pères de famille négocians et propriétaires , qui oublient un instant, pour les intérêts de la cité , leur rôle de soldats d'une heure , armées de l'innocent fusil qui ne sera jamais instrument de dommage , et du sabre pacifique, signe d'honneur et de confiance , emblème de l'appui que prête la loi aux gardiens du bon ordre. La Garde nationale ne jouit de la présence du Roi qu'à condition de se trouver sous les armes à l'audience : la joie que fait éprouver un bonheur accordé si rarement, peut faire tourner quelques têtes et amener l'oubli du *decorum*, en effaçant le souvenir du costume.

La Garde nationale de Paris *licenciée* ! Y pensez-vous, M. de Corbière ? J'ouvre mon dictionnaire , et j'y trouve : « *Licencier*, congédier des troupes devenues inutiles. » Quoi ! les honorables services de vingt-mille citoyens sont devenus *inutiles*, et nous sommes tous *licenciés*, parceque dix hommes sur mille ont pris de licences un peu fortes, dans un moment d'abandon, le souvenir des actes de quelques ministres, et les justes craintes qu'inspirent leurs amis les jésuites n'ont point permis que l'amour pour nos princes trouvât seul place dans nos cœurs !

Cela est impossible. Vous aurez été trompé, M. le comte. Votre excellence n'était pas présente à la revue. Fatiguée de ses nombreux et pénibles travaux, elle n'a que le dimanche pour se reposer. La chaleur du jour était extrême. On s'assoupit : on dort ; c'est si naturel ! En r'ouvrant les yeux on articule avec peine ces mots : « Ils chantent, ils dansent, et moi je me promène, poursuivi par un songe. » Bientôt le cauchemar prend la forme d'un rapport de police. Vous, M. le comte, vous êtes un honnête homme ; incapable de faire le mal sciemment. Je vous rends cette justice. Mon honorable pratique, M. Kératry, n'a pas été si poli avec un de vos collègues, et il n'en est pas moins acquitté par le tribunal correctionnel. Ce n'est dont donc pas la crainte d'un procès qui me dicte votre éloge. J'honore infiniment aussi M. Franchet, M. Delavau, et ce jeune M. Duplessis, placé depuis avant-hier à la tête de la seconde division de sûreté générale, quoiqu'il n'ait que 26 ans, ce qui n'est point un avantage. Si j'avais celui d'être l'ami du jeune élève de Saint-Acheul, je l'engagerais à se défier de quelques personnages enrôlés sous la même bannière administrative et religieuse, mais peu scrupuleux autrefois, comme le témoigne le greffe de plus d'une cour d'assises. Des subalternes mal intentionnés auront calomnié l'expression de la joie populaire ; et par ricochet, la calomnie a rebondi jusques sur l'oreiller où sommeillait Votre Excellence.

Viendra-t-ou nous enlever les uniformes

confectionnés s à nos dépe ln,aɔɔ-ehs rmes a tées de nos déniers ? Non, certes ; cela pourrait donner lieu à quelques désordres : on ne veut pas faire naître les *circonstances graves* qui, aux termes de certaine loi non encore abolie, vous rendraient la faculté de rétablir la censure, par une ordonnance contre-signée de trois ministres. La censure ! le seul fléau dont Moïse n'ait pas frappé l'Égypte, comme dit l'éloquent M. Salabeiry, beau-père de M. le préfet de police. La censure, cher et vénérable patron, vous tuerait. Elle serait exercée par de vils espions, dont vous n'êtes pas le maître, et qui sont les serviteurs des jésuites. Ces bons pères ne vous trouvent ni assez vigilant ni assez énergique. M. de Villèle, votre sincère ami, leur paraît beaucoup trop ; M. de Peyronnet seul peut leur convenir. La censure ne vous protégerait donc pas contre la licence : elle étoufferait les plaintes d'un père ou d'un mari, dont les enfants ou la femme viendraient à être sequestrés par lettre de cachet : voilà tout l'avantage qu'en recevraient les mœurs et la religion.

J'espère en vous, M. le comte ; j'espère en MM. Franchet , Delavau et Duplessis. La Garde nationale de Paris recevra bientôt de vous une organisation nouvelle : J'y compte si bien , que je vais m'occuper d'un travail que j'aurai l'honneur de vous soumettre pour cet objet. La Garde nationale n'était pas , à beaucoup près , ce qu'elle doit être dans l'intérêt des libertés publiques. C'est de vous qu'elle attend de nouvelles prérogatives , sans lesquelles cette institution ne présenterait pas toutes les garanties que désirent les amis du Roi et de la Charte. Une pareille réforme est digne d'éveiller votre sollicitude. Quand il s'agit des plus nobles intérêts du peuple, un

homme tel que vous , M. le comte, ne s'en-
dormira oont. C'est le vœu

de votre bénévole administré

IGNACE PIGEON.

Paris , 3o Avril 1827.